This Book
Belongs To

▽△ ▽△▽ △▽△ ▽△▽△ ▽△▽ △▽△▽ ▽△▽ △▽△ ▽△▽△ ▽△▽ △▽△▽ ▽△▽ △▽△ ▽△▽△ ▽△▽ △▽△ ▽△▽△ ▽△

▽△ ▽△▽ △▽△ ▽△▽ △▽△ ▽△▽ △▽△ ▽△▽ △▽△ ▽△▽ △▽△ ▽△▽ △▽△ ▽△▽ △▽△ ▽△▽ △▽△ ▽△

▽△ ▽△▽ △ ▽△▽ ▽△▽ ▽△ ▽ ▽△▽ △▽△ ▽△▽ ▽△ ▽ △▽△ ▽△▽ ▽△ ▽ △▽△ ▽△ ▽ △▽△ ▽△

▽△ ▽△▽ △▽△ ▽△▽ △▽ △▽△ ▽△▽ △ ▽△▽ ▽△ ▽△▽ △▽△ ▽△ ▽△▽ △▽△ ▽△ ▽△ ▽△ ▽△ ▽△

∇△ ∇△∇ △∇ △∇△ ∇△∇ △∇ △∇△ ∇△∇ △∇ △∇△ ∇△∇ △∇ △∇△ ∇△∇ △∇ △∇△ ∇△∇ △∇ △∇△ ∇△∇ △∇ △∇△ ∇△

▽△ ▽△▽△ ▽△

▽△ ▽△▽△▽△ ▽△▽△ ▽△ ▽△ ▽△▽△ ▽△ ▽△ ▽△▽△ ▽△▽△ ▽△△ ▽△▽ △▽△ ▽△ ▽△ ▽△ ▽△

▽△ ▽△▽ △▽△ ▽△▽△ ▽△ ▽ △▽△ ▽△ ▽ △▽△ ▽△▽ △▽△ ▽△▽ △▽△ ▽△▽△ ▽△ ▽△▽ △▽△ ▽△ ▽△

▽△ ▽△▽ △▽△ ▽△▽ △▽ △▽▽ △▽ △▽ △▽ △▽△ ▽△▽ △▽△ ▽△▽ △▽▽ △▽ △▽△ ▽△▽ △▽ △▽△ ▽△

▽△ ▽△▽△ ▽△▽△ ▽△▽△ ▽△▽△ ▽△▽△ ▽△▽△ ▽△▽△ ▽△▽△ ▽△▽△ ▽△△ ▽△

▽△ ▽△▽ △▽ △ ▽△▽ ▽△▽ △▽ △▽ ▽△▽ ▽△▽ ▽△▽ △▽ ▽△▽ ▽△▽ ▽△▽ △▽ △▽ ▽△▽ ▽△▽ ▽△▽ △▽ △▽ ▽△

▽△▽△▽△▽△ ▽△▽△ ▽△▽△ ▽△▽△ ▽△▽△▽ ▽△▽△▽ ▽△▽△▽ ▽△▽△▽ ▽△▽△▽ ▽△▽△▽△ ▽△▽△ ▽△▽△ ▽△

▽△ ▽△▽△ ▽△▽△ ▽△ ▽△ ▽△▽△ ▽△▽△ ▽△ ▽△ ▽△▽△ ▽△▽△ ▽△ ▽△ ▽△▽△ ▽△▽△ ▽△ ▽△ ▽△▽△ ▽△▽△ ▽△

▽△ ▽△

▽△ ▽△▽ △△▽ △△▽ ▽△▽ △△▽ △△▽ ▽△▽ △△▽ △△▽ ▽△▽ △△▽ △△▽ ▽△

▽△ ▽△ ▽ △ ▽△ ▽△ ▽ △ ▽△ ▽△ ▽ △ ▽△ ▽△ ▽ △ ▽△ ▽△ ▽ △ ▽△ ▽△ ▽ △ ▽△ ▽△ ▽ △ ▽△

▽△ ▽△▽ △▽△ ▽△▽ △ ▽△ ▽△▽ △ ▽△ ▽△▽ △▽△ ▽△ ▽ △▽△ ▽△▽ △ ▽△ ▽△ ▽△▽ △▽△ ▽△ ▽ △▽△ ▽△ ▽△▽ △▽△ ▽△

▽△▽△▽△▽△ ▽△▽△ ▽△▽△ ▽△▽△ ▽△▽△ ▽△▽△ ▽△▽△ ▽△▽△ ▽△▽△ ▽△▽△ ▽△▽△ ▽△▽△

Made in the USA
Monee, IL
27 September 2022

14697225R00057